Notre-Dame de Paris

fantaisies archéologiques & historiques de Victor Hugo

LAUSANNE
F. ROUGE, libraire

PARIS
FISCHBACHER, 33, r. de Seine

Imprimé par A. Borgeaud.

A MON FRÈRE JOSEPH

Témoignage de reconnaissance

pour sa

collaboration dévouée

au « Vieux Lausanne »

Auteurs consultés.

Sauval.
L'Abbé Lebeuf.
Dulaure.
Augustin Thierry.
Viollet-le-Duc.
Daniel Ramée.
Gourdon de Genouillac.
Eugène Müntz.

NOTICE

SUR LA CATHÉDRALE DE PARIS

ÈS le commencement du IVe siècle, une modeste église existait dans Paris [1] ; il en est fait mention sous le pontificat de Prudentius (375-380 environ); sous le règne de Childebert, fils de Clovis, il n'y avait encore qu'une seule église dans l'enceinte de la ville. Ce n'était plus la même que celle du temps de Prudentius : une basilique plus belle et plus vaste avait été édifiée sur l'emplacement de l'ancienne ; ce fut cette église et non celle de St-Germain-des-Prés (St-Vincent) que Fortunat célébra dans ses

---

[1] Avant l'établissement du christianisme, des autels païens avaient été élevés en cet endroit par les « nautes » parisiens ; ces autels furent découverts en mars 1711.

vers. Il parle des colonnes de marbre qui la décoraient et de ses fenêtres vitrées, de son chevet tourné vers l'Orient, de manière que l'Aurore en éclairait tout à coup la voûte ou les *planchers,* et il fait entendre que c'était le roi Childebert qui avait fourni au moins pour la dépense des colonnes, des vitrages et des voûtes.

On lit, dans un titre de 860, que l'église cathédrale de Paris était dédiée à saint Etienne, premier martyr. Mais par un autre titre, qui n'est guère postérieur, il est certain que cette église était composée de deux édifices très rapprochés, dont l'un était la basilique de Notre-Dame et l'autre la basilique de St-Etienne. Aussi Grégoire de Tours, parlant de l'incendie qui réduisit en cendres les maisons de l'Ile de Paris en l'an 586, dit « que les seules églises furent préservées ». Ces deux églises formaient la cathédrale de Paris.

Certains rois des premiers siècles de la monarchie assistaient aux offices de la cathédrale : la preuve en est, entre autres, dans le récit de l'incident fatal qui précipita la fin de la carrière aventureuse et dramatique de Leudaste, ex-comte de Tours (583) : « Un dimanche que le roi (Hilpérik) et la reine assistaient ensemble à la messe dans la cathédrale de Paris, Leudaste se rendit à l'église, traversa de l'air le moins timide la foule qui entourait le siège royal, et, se prosternant aux pieds de Fredegonde, qui était loin de s'attendre à le voir, il la supplia de lui pardonner ».

L'église Notre-Dame fut incendiée par les Normands en 857 ; ils épargnèrent l'église de St-Etienne, qui avait un dôme à l'antique, pour la conservation duquel on leur avait payé une forte somme. C'est dans cette église de St-Etienne qu'avait été tenu le célèbre Concile de Paris de l'an 829. L'église de Notre-Dame, située à côté de celle de St-Etienne, vers le septentrion, ayant été réparée, subsista encore aussi longtemps que l'autre qui n'avait souffert d'autres accidents que quelques ruptures de murs. Etienne de Garlande, archidiacre, mort en 1142, y avait fait beaucoup de réparations, et Suger, abbé de St-Denis jusqu'à l'an 1152, lui fit présent d'un vitrage d'une grande beauté ; on l'appelait, vers l'an 1110, *Nova Ecclesia,* par opposition à l'église de St-Etienne, qui était beaucoup plus vieille.

C'est dans l'église de Notre-Dame que les rois de la troisième race se rendaient du Palais royal, situé à la pointe occidentale de l'Ile, pour célébrer le service divin avec le clergé. L'évêque de Senlis étant venu à Paris avec quelques-uns de ses chanoines, l'an 1041, pour obtenir la confirmation d'une charte, y trouva le roi Henri à la grand'messe, le jour de la Pentecôte : « Cum in die Pentecostes, dit ce » prince dans son diplôme, in Ecclesia » Sanctae Dei genitricis Mariae apud Pari- » sios Missarum solemnia celebraremus ». On a aussi des preuves, dans le siècle suivant, comme le roi Louis-le-Jeune s'y rendait fréquemment.

Un peu après l'an 1160, l'évêque Maurice de Sully fit commencer l'église actuelle de Notre-Dame sur l'emplacement des deux vieilles basiliques [1]).

---

[1]) L'église Notre-Dame offre cette particularité que sa dédicace n'a jamais été célébrée. On retarda toujours cette cérémonie solennelle pour des raisons inconnues, et, plusieurs siècles s'étant écoulés, on n'y pensa plus.

Notre-Dame de Paris

*

*Fantaisies archéologiques et historiques
de Victor Hugo.*

> En France, il n'y a pas
> un bachelier qui hésite à
> faire un Salon.

UISQU'IL est admis que les écrivains fassent la critique de la peinture, qui souvent leur est complètement étrangère, qu'il soit permis, par un juste retour, à un artiste absolument étranger aux lettres de discuter une œuvre littéraire ; mais empressons-nous de dire que l'auteur de ces lignes, grand admirateur du génie de Victor Hugo, n'a point l'outrecuidante prétention de vouloir porter un jugement littéraire sur l'œuvre du Maître prestigieux : on voudra donc bien lui permettre de présenter les quelques observations qui vont suivre.

⚜

Il y a de par le monde (et peut-être aussi sur les bords de la Seine) nombre de braves gens qui raisonnent gravement sur le passé de la Ville-Lumière d'après les leçons puisées dans *Notre-Dame de Paris*. Comment, d'ailleurs, ne prendraient-ils pas pour paroles d'Evangile les assertions du poète qui fut longtemps l'idole de la capitale ? Et cependant, *Notre-Dame de Paris* renferme de telles erreurs archéologiques et historiques que l'on ne saurait excuser l'auteur d'avoir méconnu à ce point la vérité.

Dès la première phrase, nous sommes arrêtés par une assertion suspecte : « Les cloches de la triple enceinte de Paris sonnaient à grande volée » ; début malheureux, car la sonnerie à grande volée [1]) n'était pas pratiquée au moyen-âge, elle est d'un usage moderne.

---

1) Les cloches étant autrefois appelées *Saints*, l'usage de les frapper avec un marteau leur a fait donner le nom de *Toque-Saints,* dont, par corruption, l'on a fait tocsin.

L'ignorance de cette particularité rend impossible ce qui concerne la sonnerie de Notre-Dame et, partant, le rôle de Quasimodo en tant que sonneur.

Plus loin, nous lisons : « Trois choses manquent à cette façade : d'abord, le degré de onze marches qui l'exhaussait au-dessus du sol ; ensuite la série inférieure de statues qui occupaient les niches des trois portails, et la série supérieure des vingt-huit plus anciens rois de France, etc. ».

Or, le sol du Parvis était de tout temps au niveau du sol intérieur de l'église[1]) ; une rampe de treize marches conduisait de la place à la grève, avant la construction du pont. Pourtant cette confusion est excusable, car ce point n'a été définitivement éclairci qu'en 1847, à la suite de travaux exécutés au Parvis. Quant à la galerie des rois de France, il est connu depuis longtemps que la plupart de ces statues repré-

---

[1]) Il paraît cependant très probable que le niveau général de la Cité était moins élevé au moyen-âge que celui de l'intérieur et de l'entrée de Notre-Dame. A l'époque romaine et aux temps mérovingiens, tout le sol de la Cité était passablement plus bas qu'au XIIe siècle.

sentaient des rois de Juda : David, Salomon, etc., et même la reine de Saba.

Dire que Notre-Dame « est construite sur pilotis », c'est émettre une opinion dont la fausseté a été reconnue dès le commencement du XVIIIe siècle, à la suite des fouilles exécutées en mars 1711 pour l'embellissement du Sanctuaire.

Mais poursuivons notre lecture : « Le couvre-feu sonnait à tous les beffrois de Paris ». Erreur ! le couvre-feu n'était sonné qu'à Notre-Dame : à six heures en hiver, entre huit et neuf heures en été.

« Le retentissement intermittent de la hampe ferrée des hallebardes des Suisses, mourant peu à peu sous les entrecolonnements de la nef », etc.; voilà qui est plus qu'improbable. La compagnie des Cent-Suisses fut formée par Louis XI, en 1481[1]), pour sa garde particulière ; elle était composée de nonante-six hommes, trois tambours et un fifre ; l'invention des suisses

---

[1]) Les historiens ne sont guère d'accord sur la date de la création de la garde suisse ; on peut, suivant les auteurs consultés, choisir entre les années 1471-1481, 1496-1498, etc.

d'église doit évidemment être de beaucoup postérieure.

« Les douze grosses bêtes et les treize grands prophètes (au Louvre) ». Il n'y a que quatre grands prophètes et dans les douze grosses bêtes il faut voir, semble-t-il, les quatre animaux de l'Apocalypse.

Quant à la Esmeralda, elle ne fit point « son entrée à Paris par la Porte Papale, » pour la bonne raison que l'enceinte de cette ville n'a jamais possédé de porte de ce nom [1]). Il y avait autrefois, au Clos de

---

[1]) Le mur de l'enceinte de Philippe-Auguste (1180-1223) était percé de six portes du côté méridional. C'étaient les portes de Buci (cette porte ne prit ce nom qu'après 1550), des Cordelles ou des Cordeliers, (qui s'appela plus tard de St-Germain), de St-Michel, de St-Jacques, de Bordet et de St-Victor. D'après le plan de 1530, la rive gauche n'avait plus à cette époque que cinq portes, celle de Buci étant condamnée. Elle fut rouverte au XVIe siècle et l'on établit deux portes nouvelles aux extrémités de l'enceinte, près des rives de la Seine : celles de la Tournelle et de Nesle.

Sur la rive droite, l'enceinte de Philippe-Auguste avait été percée de sept portes ou poternes.

l'Abbaye de Sainte-Geneviève une Porte Papale, ainsi désignée, sans doute, en mémoire de quelque pape qui avait fait son entrée par cette porte : c'est peut-être Eugène III (1145). Elle devait se trouver aux environs de l'Estrapade, puisqu'en 1531, pour désigner une maison et deux jardins situés de ce côté-là, sur la censive de l'Evêque de Paris, ces héritages sont dits être entre la Porte St-Jacques et cette Porte Papale qu'il ne faut donc point prendre pour une porte de ville. Une porte appelée de ce nom, et probablement pour le même motif, existait aussi à l'Abbaye de St-Germain-des-Prés.

Il est également surprenant d'entendre que l'ancien Hôtel-de-Ville « s'appelait la *Maison du Dauphin,* parce que Charles V y avait logé ». Voici la vérité sur ce point : Cette maison, qui existait déjà au XIIe siècle, s'appelait alors la Maison de Grève et aussi la *Maison-aux-Piliers,* parce qu'elle était portée sur une suite de gros piliers. Vers 1212, Philippe-Auguste l'acheta de Suger Clayon, chanoine de Paris ; le roi y avait dès lors le droit de haute, basse et moyenne Justice. Philippe de Valois avait

LA PLACE DE GRÈVE ET L'ÉGLISE NOTRE-DAME
d'après une ancienne gravure.

fait don de cette maison, en 1322, à Clémence de Hongrie, seconde femme et veuve de Louis-le-Hutin, puis il la reprit, en échange d'une autre, pour la donner, en 1324, à Guy, Dauphin du Viennois. Il en renouvela la donation, en 1335, au Dauphin Humbert. Ce fut alors que cette maison fut désignée sous le nom de Maison du Dauphin.

Si l'auteur est dans le vrai quand il nous apprend très sérieusement que « *dans cette gracieuse année 1482 l'Annonciation tomba le 25 mars* », il commet, par contre, une nouvelle erreur en plaçant « *la tombe de Nicolas Flamel aux Saints-Innocents* ». Le fameux hermétique fut enterré dans l'église de sa paroisse, Saint-Jacques-la-Boucherie, où il avait acheté un emplacement pour son tombeau et celui de sa femme Pernelle. Flamel était le bienfaiteur de cette église et, n'ayant point d'enfants, il lui légua tous ses biens.

C'est une curieuse physionomie que celle

de ce personnage mystérieux. Né à Pontoise, vers 1340, calligraphe, dessinateur, enlumineur et peintre, Flamel s'était construit, proche de son église paroissiale, une belle maison, *l'hôtel Flamel, qui était enjolivée d'histoires et devises peintes et dorées.* Il fit aussi construire deux arcades aux charniers des Innocents et un grand édifice appelé la Maison du Grand-Pignon. Son épitaphe, placée en 1417, fut conservée, par un heureux hasard, lors de la démolition de l'église St-Jacques, en l'an V; elle se trouve aujourd'hui au Musée de Cluny.

C'est aussi une erreur de se figurer les *Reclusoirs* comme ayant été très nombreux et placés *tout au beau milieu des voies publiques, sous les pieds des chevaux, sous la roue des charrettes.* Ils étaient toujours placés près des églises. Ainsi, le Reclusoir du cimetière des Innocents avait une fenêtre qui donnait dans l'église même. Les recluses n'étaient pas toujours des pénitentes volontaires : témoin *Renée de Vendomois,* qui avait fait tuer son mari et commis un adultère. Le roi, en considération du Duc d'Orléans, lui fit grâce en

1485, mais elle fut condamnée par le Parlement à demeurer perpétuellement recluse et murée au cimetière des Innocents.

Avant elle, une nommée *Jeanne La Vodrière* avait été enfermée dans une cellule de ce cimetière, le 11 octobre 1442. Il y eut pour cela sermon public, comme s'il se fût agi de la profession d'une religieuse. Citons encore *Alix La Bourgotte,* qui occupa le même Reclusoir. Elle mourut l'an 1466, le 29 juin. Le roi Louis XI la fit représenter en cuivre, tenant un livre et ayant une ceinture semblable à celle des Cordelières.

On connaît encore une autre recluse des Innocents, postérieure à celle-ci, savoir *Jeanne Pannoncelle.* L'Official de Paris avait ordonné, en 1496, aux marguilliers, de lui bâtir une logette. Sur leur refus, il fut prononcé contre eux une sentence d'excommunication, qui fut levée après qu'ils eurent obéi.

Ajoutons que la description de la Cour des Miracles est empruntée, surtout en sa partie topographique, à Sauval, qui vivait sous Louis XIV ; cette description ne peut donc guère s'appliquer au temps de Louis le onzième [1]).

Nous sommes loin d'avoir relevé toutes les erreurs semées comme à profusion dans cet ouvrage. Comme conclusion à ces quelques observations, faisons remarquer que les rues de Paris n'ont pas l'animation, ni le pêle-mêle, ni la couleur locale du moyen-âge, où chaque jour, du matin au soir, les rues étroites et tortueuses reten-

---

[1]) En 1482 il ne devait pas exister à Paris de rues du Bâtonnier, Neuve du Temple ; ni de rues Galilée, Galiache et Coupe-Gueule, ni de Place Dauphine, etc. Les rues des Mauvaises Paroles, Montorgeuil, de la Rondelle, Tixeranderie, St-André-des-Arcs, de la Barillerie s'appelaient alors rues Maleparole, Montroqueil, d'Arondelle, Vieilz Tixeranderie, St-Andrieu-des-Arts, la Grant Bariszerie. De même, on disait « le Palais » ou le « Palais du roi » et non le « Palais de Justice ». Le Pont-Neuf et le Pont St-Michel n'étaient pas deux ponts distincts, ce pont a porté successivement ces deux noms. Il en est ainsi de la *Porte St-Michel*, qui s'appelait primitivement *Porte d'Enfer*. Si la rue Neuve-Ste-Geneviève existait alors, elle ne se trouvait en tous cas pas dans la Cité.

Il serait très facile de signaler dans cet ouvrage bien d'autres erreurs de ce genre. Dans un autre ordre d'idées, cueillons aussi deux véritables curiosités d'histoire naturelle : « l'araignée se précipita sur la mouche, qu'elle saisit *avec les antennes de devant* »; « *ainsi qu'une fourmi essoufflée* ».

tissaient des « crieries » des marchands et des écoliers, des supplications des mendiants et des aveugles, des appels à la charité publique des différents religieux : Dominicains, Franciscains, Carmes, quêtant pour les prisonniers et pour les esclaves chrétiens. Les charlatans y débitaient, au moyen de récits pompeux et fantastiques, toutes espèces de médicaments merveilleux.

Quelquefois, on y criait le ban du roi, ou, si un décès venait de se produire, le « clocheteur des trépassés », armé de sa sonnette, faisait retentir les rues de sons lugubres qui glaçaient d'effroi le cœur des vivants. Il en était ainsi jusqu'à la nuit tombante ; alors, les boutiques se fermaient, les bourgeois verrouillaient solidement leurs portes, tandis que le couvre-feu jetait dans les airs ses notes mélancoliques.

Dans le chapitre au titre retentissant « Ceci tuera cela », Victor Hugo expose « la pensée d'esthétique et de philosophie cachée dans son livre ». Il cherche à prouver que l'invention de l'imprimerie a tué l'architecture. « Ainsi voyez, dit-il, comme à partir de la découverte de l'imprimerie l'architecture se dessèche peu à peu, s'atrophie et se dénude..... Le refroidissement est à peu près insensible au XVe siècle, la presse est trop débile encore et soutire tout au plus à la puissante architecture une surabondance de vie. Mais, dès le XIVe siècle, la maladie de l'architecture est visible..... elle se fait misérablement art classique... c'est cette décadence qu'on appelle la Renaissance. — Décadence magnifique pourtant, car le vieux génie gothique, ce soleil qui se couche derrière la gigantesque presse de Mayence, pénètre encore quelque temps de ses derniers rayons tout cet entassement hybride d'arcades latines et de colonnades corinthiennes..... »

L'éloquence de Victor Hugo n'empêche point sa théorie de la décadence de l'architecture d'être purement paradoxale. Se plaçant en 1482, il omet de nous dire que l'art gothique était en pleine décrépitude et cela déjà fort longtemps avant que l'imprimerie fût inventée et que Ulrich Gehring, Michel Freiburger et Martin Krantz eussent établi, dans le Collège de la Sorbonne, leur première presse typographique. Depuis environ 150 ans, l'on n'élevait plus de cathédrales ; le grand mouvement de leur construction était passé. D'ailleurs, elles étaient créées en nombre respectable ; elles resplendissaient au soleil dans leur majestueuse simplicité ou dans leurs blanches parures de dentelles. Cette grandiose envolée vers le ciel était réalisée. Cette sublime recherche d'un idéal céleste avait le droit d'être épuisée. L'invention de Gutenberg n'y fut pour rien, comme elle ne fut pour rien non plus dans le mouvement architectural de la Renaissance qui s'était déjà imposé en Italie bien avant les débuts de l'imprimerie. Non, la Renaissance n'était point une décrépitude; c'était bien une *vie nouvelle* sortie toute palpitante des ruines de l'antiquité !

Il faut cependant reconnaître que le gothique décadent du XVe siècle était encore d'une réelle beauté. Ce que ce style avait perdu dès le XIVe siècle en pureté et en grandeur, il l'avait gagné en liberté et en originalité et s'appropriait ainsi à merveille aux constructions civiles. Cette architecture vraiment nationale avait, de plus, le très grand mérite de s'harmoniser infiniment mieux avec nos paysages et nos climats que le style de la Renaissance, qui convient plutôt à l'Italie, son pays d'origine.

Bien que cette courte étude ne visât que les *déformations* de la vérité archéologique et historique de ce roman, que l'on nous permette cependant quelques réflexions au sujet des personnages qui en sont les héros.

Ce qui frappe le plus, c'est que ces personnages ne sont pas de leur époque; ils sortent du cadre et de l'atmosphère dans lesquels ils ont à se mouvoir. Leurs idées et leur langage ne sont pas de leur temps, ils sont teintés de 1789, ils raisonnent comme des hommes modernes[1]). L'on ne peut se figurer Louis XI

---

[1]) C'est ainsi qu'ils savent que le diamant se trouve dans le charbon; qu'ils prédisent la prise de la Bastille, etc., etc.

disant : « Va, mon peuple, bravement ! Brise ces faux seigneurs ! Fais ta besogne ! Sus ! Sus ! Pille-les, pends-les, saccage-les ! » Au XVe siècle, un roi n'a pu prononcer de telles paroles, elles ne pouvaient même pas lui venir à l'esprit. Et pourtant, ne devait-il pas être tentant de restituer avec sincérité cette blême et tragique figure de Louis XI ? Pourquoi ne l'avoir pas burinée d'une manière attentive et avec le soin d'un Holbein ou d'un Léonard ? Bien loin d'être saisi et rendu par ses traits caractéristiques, ce prince n'est représenté que par des côtés mesquins et ridicules. La grandeur des résultats du règne de ce souverain qui, de ses puissantes mains, a pétri l'unité nationale, obligeait de l'apprécier avec plus de vérité et de respect. Non, ce vieillard mal renseigné, manquant de pénétration, criant et gesticulant, n'est pas Louis XI ; non, ce n'est pas ce prince qui alliait à la force du lion toutes les finesses du renard, ce très rusé et très clairvoyant diplomate auquel rêvait Machiavel.

Le peuple n'est guère mieux compris que le prince : est-il vraisemblable de prêter aux Truands de grands sentiments chevaleresques et un courage exceptionnel? Les habitants de la Cour des Miracles, cette écume de la grande ville, ne sont pas le peuple de Paris, le vrai peuple des travailleurs et des ouvriers honnêtes. De ces bas-fonds sortent, dans les heures troublées, non les apôtres et les champions de la liberté, mais les assassins de Septembre.

Il est facile de reconnaître que la plupart des renseignements historiques et archéologiques de ce roman ont dû être puisés dans les *Antiquités de Paris* par Sauval et plus particulièrement dans l'*Histoire de Paris* de Dulaure [1]), qui fut publiée en 1821, c'est-à-dire peu d'années avant *Notre-*

---

[1]) Dulaure, né à Clermont-Ferrand en 1755, n'était d'ailleurs pas précisément un historien : c'était un déclassé qui s'était fait homme de lettres après avoir échoué dans différentes carrières. Il se jeta dans la tourmente révolutionnaire pour satisfaire son ambition. Parmi ses nombreuses publications, presque toutes oubliées depuis longtemps, figure un recueil de contes si graveleux que son biographe et continuateur, C. Leynadier, n'ose pas, par respect du public, en citer tous les titres.

Dame de Paris. Il est tout naturel que Victor Hugo ait vu dans ce dernier ouvrage l'œuvre la plus complète et la plus exacte sur ce sujet. Non seulement il lui a emprunté bien des détails, mais il a certainement subi l'influence des opinions de l'auteur, surtout dans le chapitre « Ceci tuera cela ». Or, l'histoire de la capitale étant pour ainsi dire celle de la monarchie, on comprendra que Dulaure, l'ardent Jacobin, l'ex-conventionnel qui vota la mort de Louis XVI « sans sursis et sans appel », ne pouvait écrire cette histoire avec la philosophie et l'impartialité indispensables. On peut se figurer ce que serait l'histoire de la Révolution écrite par un gentilhomme émigré, ardemment attaché à la cause royale. C'est ainsi que Dulaure, aveuglé par les passions politiques, a fait de son livre une longue diatribe contre le Passé. De plus, son ouvrage, qui est plutôt une compilation qu'une œuvre originale, contient bien des erreurs, parce qu'il a été écrit trop rapidement et sous le coup de la nécessité.

Malgré et avec ses défauts, *Notre-Dame de Paris* est plein de vie et de couleur ; les merveilleuses qualités du poète se retrouvent dans de superbes passages et dans des chapitres entiers, tel, par exemple : « Paris à vol d'oiseau » ; mais n'y cherchez pas les nuances et les harmonies discrètes, indiquées à la Corot. Les *valeurs* en sont violentes et les *touches* brutales. Les péripéties du drame sont trop émouvantes. Les catastrophes s'y succèdent avec une rapidité invraisemblable. Dès que leurs passions sont en jeu, tous les personnages deviennent comme hallucinés ou épileptiques.

A la première impression d'amour, l'innocente Esmeralda, la *Rosière de la Cour des Miracles*, se jette à corps et âme perdus dans les bras d'un Phœbus de Châteaupers. Ce n'est point ainsi qu'aime une jeune fille.

Claude Frollo, après avoir été un bon et digne ministre des autels, devient un mauvais prêtre, un personnage détestable ; il poignarde son rival et livre à la potence celle qu'il aime d'une passion égoïste et cruelle.

La pauvre recluse veut aussi faire pendre la bohémienne, et, reconnaissant trop tard sa fille, elle meurt de désespoir en la voyant exécuter.

Quasimodo, fils adoptif de l'archidiacre, précipite son bienfaiteur du haut des tours de Notre-Dame et va mourir incontinent entre les bras de la suppliciée.

Quel jeu de massacre ! quel triste mécanisme passionnel présentent ces pauvres convulsionnaires ! Ils se poursuivent de leur amour et de leur haine et périssent tous violemment, les uns par les autres, à quelques heures d'intervalle.

L'œuvre d'art est une œuvre de sentiment et de libre interprétation ; mais ne doit-on pas, en littérature comme dans les autres arts, emprunter à la Nature la vraisemblance de ses lois, quoique l'on ne puisse, dans une création poétique, exiger les procédés sévères d'un Bénédictin ? Mais quand l'œuvre a des prétentions historiques, quand les personnages en sont connus, n'est-on pas en droit d'exiger une étude et une connaissance plus approfondies de ces personnages et de l'époque où se place l'œuvre imaginée ?

Si le génie de Victor Hugo n'est pas fait de clartés réalistes, il a d'autres mérites, il est tout d'inspiration et de sentiment et ne pouvait, par cela même, s'astreindre aux recherches patientes et exactes ; c'est pourquoi il écrivait l'archéologie et l'histoire *de chic*. Rendons-lui aussi cette justice d'avoir compris les beautés de l'architecture gothique dans un temps où elles étaient encore trop méconnues. Suivant la voie ouverte déjà par Gœthe, Schiller, Châteaubriand et l'école romantique, l'auteur de *Notre-Dame de Paris* contribua, par son ardente propagande, à la conservation et à la restauration de chefs-d'œuvre inestimables.

Lausanne, Février 1897.

Charles Vuillermet.

www.ingramcontent.com/pod-product-compliance
Lightning Source LLC
Chambersburg PA
CBHW060723050426
42451CB00010B/1591